Einsterns Schwester

3

Themenheft 1
Sprachgebrauch und Sprache
untersuchen und reflektieren

Herausgegeben von
Roland Bauer, Jutta Maurach

Erarbeitet von
Annette Schumpp, Jutta Sorg

Cornelsen

Inhaltsverzeichnis

Ich bin Lola und ich helfe dir.

So kannst du mit den Heften arbeiten

Du machst alle
Seiten der Lernportion 1.

Zuerst im
grünen Heft.

Dann im
roten Heft.

Dann im
gelben Heft.

Und dann im
blauen Heft.

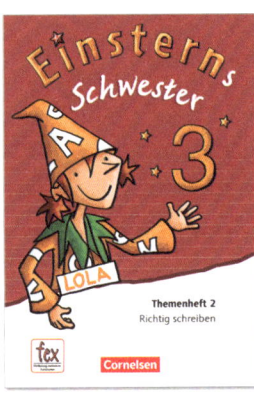

Danach machst du in
allen Heften die Lernportion 2.

Nun machst du in
allen Heften die Lernportion 3.

Genauso bearbeitest du
alle anderen Lernportionen.

1 Nomen für Menschen und Dinge ordnen

1 Ordne die Nomen für Menschen und Dinge.

Artikel sind der, die, das, ein, eine.

eine Wolke	das Baby
der Kapitän	eine Sandburg
das Netz	das Mädchen
die Eisverkäuferin	ein Buch
ein Mann	die Taucherin
die Sonnenbrille	der Fischer
die Sonne	das Meer
der Schwimmring	die Frau

Heft 1, S. 5 ①, ②

Menschen	Dinge
das Baby	eine Wolke
...	

2 Finde weitere Nomen zum Thema **Ferien**.
Ergänze die Tabelle.

1 Nomen für Tiere und Pflanzen ordnen

1 Lies den Text. Finde alle Nomen.

Heft 1, S. 6 ① ☐↓☐↑
der Wald, ...

DER WALD IST WIE EIN HAUS.

AUF DEM **WALDBODEN** WACHSEN

MOOS UND FARN. DORT WOHNEN

MAUS, HAMSTER UND DACHS.

IN DER **KRAUTSCHICHT** WACHSEN GRAS,

FARN UND SPRINGKRAUT. SIE IST DIE HEIMAT

VON HASE, IGEL UND SCHMETTERLING.

IN DER **GEHÖLZSCHICHT** STEHEN

EICHE, BUCHE UND KIEFER.

SIE BIETET WOHNUNG FÜR

WALDKAUZ, BUCHFINK

UND KUCKUCK.

WAS IST WOHL DAS DACH?

2 Ordne die Nomen für Tiere und Pflanzen.
Schreibe den Artikel dazu.

Heft 1, S. 6 ②, ③

Tiere	Pflanzen
die Maus	das Moos
...	

3 Suche weitere Waldtiere oder Waldpflanzen
im Bild. Ergänze die Tabelle.

1 Nomen in Einzahl und Mehrzahl bilden

1 Untersuche mit einem Partnerkind,
wie die Mehrzahl von Nomen gebildet wird.

ein Schrank
viele Schränke

ein Buch
viele Bücher

eine Tafel
viele Tafeln

eine Tür
viele Türen

ein Besen
viele Besen

ein Radiergummi
viele Radiergummis

Heft 1, S. 7 ①
ein Stuhl – viele Stühle

ein Stuhl

ein Heft

ein Kind

eine Tasche

ein Eimer

ein Sofa

ein Foto

eine Lampe

ein Kissen

eine Zeitschrift

2

der Tisch – die Tische

Mehrzahl von Nomen

-e	-er	-e(n)	ohne Veränderung
Tische		Pflanzen	

1 Besondere Formen der Mehrzahl entdecken

ein Atlas
viele Atlasse oder
viele Atlanten

ein Luftballon
viele Luftballons oder
viele Luftballone

ein Globus
viele Globen oder
viele Globusse

ein Lexikon
viele Lexika oder
viele Lexiken

ein Monitor
viele Monitore oder
viele Monitoren

one book
many books

one poster
many posters

one boy
many boys

one girl
many girls

one child
many children

one desk
many desks

one pencil
many pencils

one computer
many computers

one CD
many CDs

1 Zu einigen Nomen gibt es zwei mögliche Mehrzahlwörter.
Tausche dich mit einem Partnerkind über die Unterschiede aus.

2 Schreibe die Wörter in der Einzahl und
in der von dir gewählten Mehrzahlform auf.

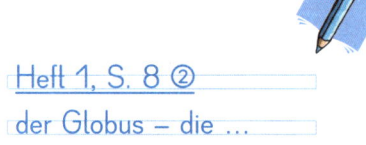

Heft 1, S. 8 ②
der Globus – die ...

3 Lest die englischen Wörter in der Einzahl und
in der Mehrzahl. Was fällt euch bei den Endungen auf?

1 Nomen für Gefühle kennenlernen

1 Wörter für **Gefühle** sind auch Nomen.
Deshalb schreibe ich sie groß:
die Freude, der Schreck.

2

3 Schreibe die Nomen mit Artikel auf.
Beginne mit deinem Lieblingsgefühl.

Heft 1, S. 9 ③

1 Pronomen kennenlernen

1 Die Wörter ich, du, er, sie, es, wir, ihr, sie sind **Pronomen**.
Pronomen können Nomen ersetzen: Lina hat Ferien. Sie besucht Opa.

2 Lies den Text. Suche die Pronomen.

Das ist Lina.

Sie hat die Ferien bei ihrem Opa verbracht.

Er ist mit Lina in den Zoo gegangen. Sie haben die Tiere beobachtet.

Lina hat der Zoobesuch sehr gut gefallen.

„Das sollten wir öfter machen", hat sie gesagt.

Auf dem Rückweg haben Opa und Lina noch ein Eis gegessen.

Es hat prima geschmeckt.

3 Schreibe den Text ab.
Unterstreiche die Pronomen.

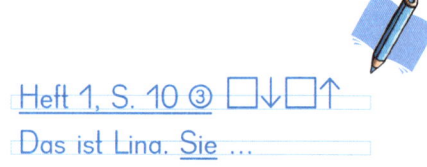

Heft 1, S. 10 ③ ☐↓☐↑
Das ist Lina. Sie …

4 Spielt das Pronomenspiel. Würfelt reihum.
Klatscht schnell auf ein passendes Nomen.

1 Pronomen richtig zuordnen

1 Lies die Sätze. Ergänze die Pronomen in Gedanken.
Schreibe die Nomen und Pronomen als Paare ins Heft.

Heft 1, S. 11 ①
Die Elefantenkuh – sie,
das Elefantenbaby – …

> Die Elefantenkuh kümmert sich um ihr Junges.
> gibt ihm zu trinken.

> Das Elefantenbaby ist noch sehr klein.
> lebt immer bei der Herde.

> Elefanten leben auch in Afrika.
> wandern sehr weit.

> Der Elefant ist ein großes Tier.
> wiegt fast sieben Tonnen.

> Meine Freunde und ich mögen Elefanten.
> beobachten sie oft im Zoo.

2 Lies den Text einem Partnerkind vor.
Ersetze die Bilder im Text durch Pronomen.

Im Elefantengehege

Die Elefanten sind sehr unruhig.

 bekommen gleich ihr Futter.

Der Tierpfleger bringt heute Äste, frisches Gras und Gemüse.

Schnell schließt die Tür auf.

„Jetzt könnt  euer Futter holen!", ruft .

Vor dem Gehege steht eine Besucherin mit ihrem Baby.

 schaut den Elefanten zu und strampelt.

Die Mutter beruhigt :

„ bekommst auch gleich deinen Brei."

Danach gehen  weiter.

3 Schreibe den Text in dein Heft.
Unterstreiche die Pronomen.

Heft 1, S. 11 ③
Im Elefantengehege
…

1 Zusammengesetzte Nomen bilden

1 Finde die zusammengesetzten Nomen.
Unterstreiche den
großen Anfangsbuchstaben.

Heft 1, S. 12 ①
die Hand, der Schuh = der <u>H</u>andschuh
…

die Hand + der Schuh	der Sand + die Burg	der Fuß + der Ball
das Ohr + der Ring	das Eis + der Würfel	der Regen + die Jacke

2 Bilde die zusammengesetzten Nomen.
Schreibe sie in dein Heft.
Markiere den eingefügten Buchstaben.

Heft 1, S. 12 ②
das Katzenfutter, …

die Katze   die Limonade

die Schnecke   das Schild   das Glück   das Futter

der Frühling   das Haus   die Tomate   der Käfer

der Verkehr   die Soße   die Zitrone   die Zwiebel

> Manchmal musst
> du ein -n- oder -s- zwischen
> den Nomen einfügen, zum Beispiel
> bei Geburtstagskuchen.

3 Besprecht die Besonderheiten der zusammengesetzten Nomen.

Hundeleine   Tagesplan   Tagebuch   Kindergarten   Kleiderschrank

1 Artikel bei zusammengesetzten Nomen bestimmen

1 Bei zusammengesetzten Nomen richtet sich der Artikel immer nach dem letzten Nomen:
die Kürbis**suppe** – der Kürbis, **die Suppe**.

2 Bestimme den Artikel bei den zusammengesetzen Nomen.

Kürbiskern   Fledermaushöhle

Hexenhaus   Spinnennetz

Knoblauchzehe   Suppentopf

Mondschein   Geisterstunde

Hexenspruch   Feuerschein

Kürbissuppentopf   Kirchturm

Besenstiel   Spinnennetzfaden

Geistertanz

3 Findet zusammengesetzte Nomen, die aus mindestens drei Nomen bestehen. Schreibt sie mit Artikel auf.

1 Über das eigene Lernen nachdenken

Am Ende einer Lernportion ist es sinnvoll, dass du dir Gedanken
zu deinem Lernen machst. Dazu findest du in den nächsten Lernportionen
weitere Ideen und Anregungen.
Wenn du in allen 4 Heften die Lernportion 1 bearbeitet hast,
wird deine erste Lernraupe vollständig sein.
Mit der Zeit entstehen mehrere Lernraupen.

> Jede Raupe
> sieht anders aus.

 1 Betrachte mit einem Partnerkind die abgebildete Lernraupe.

    a) Findet heraus, was in der Raupe, den Wolken und den Blättern
        aufgeschrieben wird.

    b) Besprecht, wie dieses Kind seinen Lernerfolg einschätzt.
        Begründet eure Meinung.

2 Beginne deine Lernraupe auf einer Doppelseite.
    Wähle mindestens 2 Raupenglieder für deine Lernraupe aus.

1 Über das eigene Lernen nachdenken

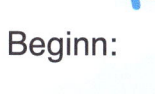 Beginn:

 Ich kann ...

 1

Gedanken zu meinem Lernen

... Nomen für Menschen und Dinge ordnen.

... Nomen für Tiere und Pflanzen ordnen.

... Nomen in Einzahl und Mehrzahl bilden.

... besondere Formen der Mehrzahl entdecken.

... Nomen für Gefühle erkennen.

... Pronomen erkennen und verwenden.

... zusammengesetzte Nomen bilden.

... Artikel bei zusammengesetzten Nomen bestimmen.

Was hat dir beim Lernen in Lernportion 1 gefallen?

Ich fand toll, ...

Mir hat fast alles gefallen, besonders ...

2 Passende Verben finden

1 Schreibe auf, was die Kinder in der Pause tun.
Unterstreiche die Verben.

Heft 1, S. 16 ①
Emil klettert nach oben.

essen

trinken

reden

hangeln

klettern

springen

spielen

passen

kicken

2

2 Passende Verbformen bilden

1 Verben stehen im **Wörterbuch** in der Grundform.
Die Grundform hat am Ende ein **-en**.
In **Texten** stehen die Verben oft in der **Personalform**.
Die Endung zeigt, wer etwas tut:
ich geh**e**, du geh**st**, er/sie/es geh**t**, wir geh**en**, ihr geh**t**, sie geh**en**.

2 Schreibe die vier Verben in der Grundform auf.

Emilia geh**t** in die Klasse 3 b.

Sie back**t** gerne Pfannkuchen.

Sie spiel**t** Fußball.

Sie lieb**t** alle ihre Hobbys.

Heft 1, S. 17 ②

Personalform	Grundform
sie geht	gehen
...	

3 Schreibe die Verben **kommen** und **hören**
in der Grundform und in allen Personalformen auf.
Unterstreiche die Endung.

er, sie, es hört   ihr kommt

ihr hört   ich höre

er, sie, es kommt   wir hören

du kommst   du hörst

sie kommen   ich komme

sie hören   wir kommen

Heft 1, S. 17 ③

kommen	hören
ich komm<u>e</u>	ich hör<u>e</u>
du komm<u>st</u>	du ...
er, sie, es ...	er, sie, es ...
wir ...	wir ...
ihr ...	ihr ...
sie ...	sie ...

I play, you play, he/she/it plays,
we play, you play, they play

2. Wortstamm und Endung erkennen

1 Verben haben einen **Wortstamm** und eine **Endung**.
Der Wortstamm bleibt meist gleich:
trinken – ich trinke, singen – du singst, rennen – er rennt.

2 Immer drei Verbformen gehören zusammen.
Schreibe sie auf. Unterstreiche den Wortstamm.

Heft 1, S. 18 ②
malen – ich male – er malt
...

malen	sie träumt	singen
ich gehe	er geht	er baut
gehen	er malt	sie singt
ich träume	ich singe	ich baue
träumen	bauen	ich male

3 Schreibe die Sätze mit den
Personalformen von **spielen** auf.
Unterstreiche den Wortstamm.

Heft 1, S. 18 ③ □↓□↑
Mama spielt mit Moritz Federball.
...

Im Freibad

Mama ⎵⎵ mit Moritz Federball.

Wir ⎵⎵ auf der Decke.

Ich ⎵⎵ mit Murat Ball.

Lukas ⎵⎵ Fußball.

Max und Lea ⎵⎵ Ball.

Das Baby ⎵⎵ mit der Rassel.

Die Kinder ⎵⎵ alle im Wasser.

He!
Ihr spielt ja
ohne mich!

2. Personalformen finden

1 Ordne die Pronomen einem Verb in der passenden Personalform zu.

ich	du
er	sie	es
wir	ihr	sie

malt	spielt	gehst
komme	schreiben
rennt	trinkt	holen

Heft 1, S. 19 ①
ich komme, …
…

2 Wählt ein Spiel aus. Setzt die Verben abwechselnd in den passenden Formen ein.

Zwei Spiele für Regenpausen

a) Jeder Spieler ___ seine Hände und ___ mit seinen Armen einen Ring, der zu seinen Füßen ___ . Alle Mitspieler ___ auf ein Zeichen durch ihren Armring, ohne dass sie die Hände ___ . Wer das ___ , ___ das Ganze rückwärts.

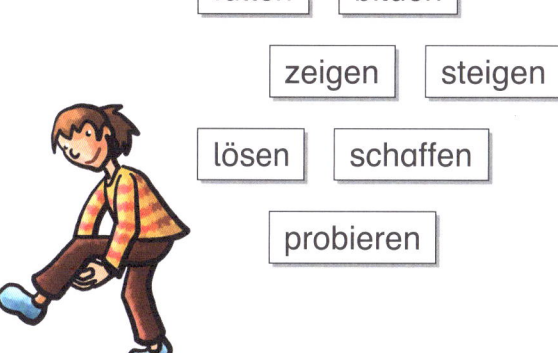

falten	bilden
zeigen	steigen
lösen	schaffen
probieren

b) Ein Spielpartner ___ seine Hände und ___ die Finger. Er ___ die Hände so nach oben, dass er seine Finger ___ . Zwei Kinder ___ abwechselnd auf einen Finger. Der Spielpartner ___ , diesen zu ___ . Das Spiel ___ nicht, wenn jemand die Finger ___ .

kreuzen	falten
drehen	sehen
zeigen	versuchen
bewegen
funktionieren	berühren

3 Wähle ein Spiel von **2** aus. Schreibe den Text vollständig ab. Unterstreiche im Hefteintrag den Wortstamm der Verben.

Heft 1, S. 19 ③ ☐↓☐↑
Jeder Spieler fal**tet** seine Hände …

2. Verbformen ergänzen

1 Bei manchen Verben verändert sich der Wortstamm:
schlafen – er schläft, lesen – du liest.

2 Schreibe die Verben auf,
die sich im Wortstamm verändern.

| essen | laufen | es hält |

| sie wäscht | erschrecken | er tanzt |

| sie erschrickt | stehen | halten |

| er isst | du stehst | waschen |

| du läufst | tanzen |

Heft 1, S. 20 ②
essen – er isst, …

3 Schreibe den Text ab und
setze die richtigen Verbformen ein.

Heft 1, S. 20 ③ ☐↓☐↑
Die Klasse 3b macht heute …

Die Klasse 3 b ___ heute
_{machen}

einen besonderen Ausflug.

Der Förster ___ die Kinder
_{führen}

durch den Wald. Maxi ___
_{sehen}

gleich zu Beginn ein Reh.

Alle Kinder ___ an und
_{halten}

___ dem Reh zu, wie es
_{schauen}

kleine Zweige ___ .
_{fressen}

Plötzlich ___ es und
_{erschrecken}

___ schnell davon.
_{rennen}

Bei manchen
Verben verändert sich
der Wortstamm.

2 Das Verb **sein** in seinen Formen kennenlernen

Bei dem Verb **sein** verändert sich das ganze Wort.

ich bin
du bist
er ist
wir sind
ihr seid
sie sind
sein

1 Schreibe den Text ab und setze die richtige Form von **sein** ein. Unterstreiche sie.

Heft 1, S. 21 ① □↓□↑
Frederik und Jonas <u>sind</u> …

Frederik und Jonas   beste Freunde.

Manchmal haben sie auch Streit.

Dann sagt Jonas: „Ich   nicht mehr dein Freund."

Dann   Frederik beleidigt und antwortet: „Du   gemein."

Jonas Mama beschwichtigt: „Hört auf zu streiten,

zusammen   ihr viel stärker."

2 Macht euch gegenseitig Komplimente.
Schreibt sie auf kleine Karten.

Du bist ein guter Handballer.

Ihr seid eine tolle Klasse.

2. Verben mit Vorsilben zusammensetzen

Vorsilben wie ab-, auf-, aus-, be-,
ein-, ver-, vor- kannst du vor Verben stellen.
Vorsilben verändern die Bedeutung von Verben:
<u>auf</u>fahren, <u>ver</u>fahren

1 Bilde zusammengesetzte Verben mit **fahren**.
Unterstreiche die Vorsilbe.

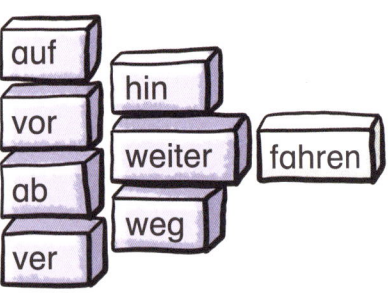

Heft 1, S. 22 ①
<u>auf</u>fahren, …

2 Schreibe auf, was Murat tut. Unterstreiche die Vorsilbe.

1   eine
Geschichte

auf / ab   schreiben

2   ein
Gedicht

vor / ver   tragen

3   ein
Geschenk

ein / ver   schenken

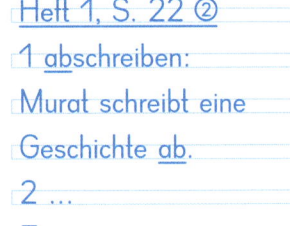

4   Wasser

ein / aus   gießen

Heft 1, S. 22 ②
1 <u>ab</u>schreiben:
Murat schreibt eine
Geschichte <u>ab</u>.
2 …
Er …

3 Schreibe mindestens drei Sätze
mit zusammengesetzten Verben aus **2**.

Heft 1, S. 22 ③
…

2. Verben nach Wortfeldern ordnen

1 Ordne die Verben nach den Wortfeldern **essen** und **sagen**.

> Wörter mit ähnlicher Bedeutung bilden ein Wortfeld.

löffeln   fragen
schlürfen
reden
schlingen
naschen
flüstern

verspeisen
mampfen   schimpfen
probieren
schreien
antworten   rufen

Heft 1, S. 23 ①

Wortfeld essen	Wortfeld sagen
löffeln, …	…

2 Ordne die Wörter des Wortfelds **gehen**.

a) langsam gehen: b) schnell gehen:

Heft 1, S. 23 ②

a) langsam gehen: schlendern …
b) schnell gehen: laufen …

schlendern	laufen	kriechen

humpeln	bummeln	wandern

spazieren	marschieren	flitzen

schleichen	rennen	trödeln

3

blinzeln

gaffen   glotzen   blinzeln
Linsen   spähen   besichtigen   betrachten
starren   entdecken

2. Nomen und Verben zusammensetzen

1 Aus Verben und Nomen entstehen zusammengesetzte Nomen.
Dabei verändern sich die Verben.
Zusammengesetzte Nomen schreibe ich groß:
das Stinktier: stinken + das Tier.

2 Lies den Text. Finde mindestens sechs
zusammengesetzte Nomen aus Verb und Nomen.

Die Klasse 3b war gestern im Zoo.
Lisa und Tim fanden die Schleichkatzen toll,
Alex und Serkan waren bei den Wanderratten
und den Stinktieren. Hanna und Nam haben
einen Brüllaffen und einen Springbock
gesehen. Max erzählt von der Klapperschlange,
die eine Springmaus gepackt hatte. Einige Kinder
haben ein Quiz über Singvögel gemacht.

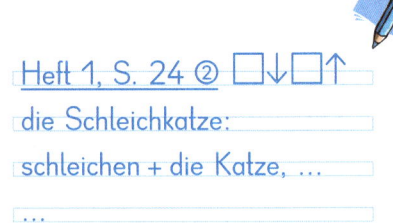

Heft 1, S. 24 ② □↓□↑
die Schleichkatze:
schleichen + die Katze, …
…

3 Finde zusammengesetzte Nomen.
Schreibe sie mit Artikel auf.

| schauen | turnen | rollen | fahren |

| wühlen | hüpfen | schreiben |

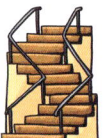

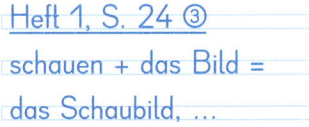

Heft 1, S. 24 ③
schauen + das Bild =
das Schaubild, …
…

4 Denkt euch noch mehr
zusammengesetzte
Wörter aus.
Das erste Wort soll
ein Verb sein.

spielen

Spielplatz,
Spielzeug, …

2. Über das eigene Lernen nachdenken

Beginn:

Ich kann ...

2

Gedanken zu meinem Lernen

… passende Verben finden.

… passende Verbformen bilden.

… Wortstamm und Endung erkennen.

… Personalformen finden.

… Verbformen ergänzen.

… das Verb **sein** in seinen Formen erkennen.

… Verben mit Vorsilben zusammensetzen.

… Verben nach Wortfeldern ordnen.

… Nomen und Verben zusammensetzen.

Ich kann zügig arbeiten, wenn …

Wie schätzt du dein Lerntempo ein?

Manchmal fällt es mir schwer, bei der Arbeit zu bleiben …

3 Zeitformen von Verben kennenlernen

1

Die Zeitformen von Verben zeigen, wann etwas geschieht.
- in der **Gegenwart** (= heute): Antonia **spielt** Klavier.
- oder in der **Vergangenheit** (= früher): Julia **spielte** Geige.

2 Ergänze die Verben. Schreibe die Verben
in Gegenwart und Vergangenheit auf.

Heft 1, S. 26 ②
1 hören – hörten, …
…

| hören | fahren | schrieben |

| wuschen | dürfen | fuhren | hörten |

| schreiben | waschen | durften |

1 Heute hören die meisten Menschen Musik auf CDs an.
Früher   viele Menschen Musik auf Schallplatten.

2 Heute dürfen alle Kinder in die Schule gehen.
Früher   oft nur die Jungen in die Schule gehen.

3 Heute   die Menschen mit dem Auto.
Früher   die Menschen mit Kutsche und Pferd.

4 Heute   die Menschen ihre Wäsche mit der Waschmaschine.
Früher   die Menschen ihre Wäsche von Hand.

5 Heute   die Menschen oft eine SMS oder eine E-Mail.
Früher   die Menschen einen Brief.

3 Suche dir zwei Bilderrahmen aus. Schreibe zu jedem
zwei Sätze darüber, wie es früher war und heute ist.

Heft 1, S. 26 ③
Früher …
Heute …

3 Gegenwart und Vergangenheit von Verben bilden

① Schreibe die Verben in der Vergangenheitsform auf.
Notiere daneben die Verben in der Gegenwart.

Heft 1, S. 27 ① ☐↓☐↑
es gab – es gibt
sie arbeiteten – …

Damals und heute auf der Baustelle

Früher <u>gab</u> es für die Arbeit kaum Maschinen.
Die Menschen <u>arbeiteten</u> zusammen.
Beim Hausbau <u>mussten</u> sie alle anpacken.
Die ganze Familie und auch die Nachbarn <u>halfen</u> mit.
Es gab noch keinen Kran, der die Materialien
<u>transportierte</u>. Die Zimmerleute <u>zogen</u> die Balken
von Hand auf das Dach. Dann <u>schlugen</u> sie
Holznägel ein. Das ganze Dach <u>deckten</u> sie
mit Schieferplatten ein.

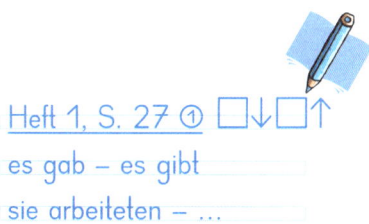

② Vergleiche, wie die Menschen
früher auf der Baustelle
arbeiteten und wie sie heute
arbeiten.

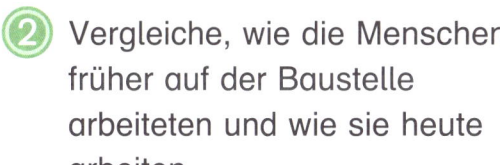

Heft 1, S. 27 ②
Früher <u>fuhren</u> sie die Steine im Schubkarren.
Heute <u>fahren</u> sie den Kies mit dem Muldenkipper.

3   Zeitformen von Verben üben

1   Bei manchen Verben verändert sich in der Vergangenheit der Wortstamm: wir **seh**en – wir **sah**en. Diese Verben werden starke Verben genannt.

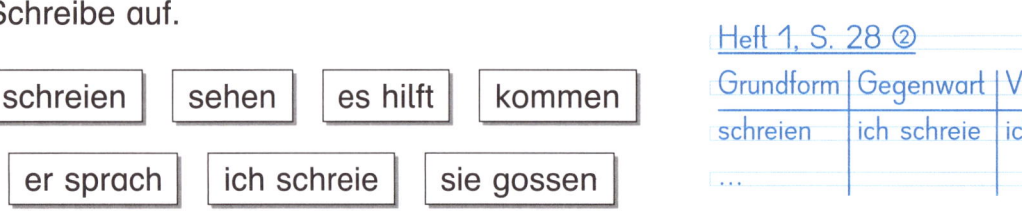

2   Immer drei Verbformen gehören zusammen. Schreibe auf.

| schreien | sehen | es hilft | kommen |

| er sprach | ich schreie | sie gossen |

| rufen | sie gießen | ihr kommt | sie isst |

| gießen | wir riefen | du siehst | ich schrie |

| es half | ihr kamt | er spricht | wir rufen |

| sprechen | essen | du sahst | helfen | sie aß |

Heft 1, S. 28 ②

Grundform	Gegenwart	Vergangenheit
schreien	ich schreie	ich schrie
...		

3   Schreibe die Wörter mit ihrer Grundform auf.

halfen   stand   schwamm   lag   aß

wusste   blieb   bekam   ließ   fuhr

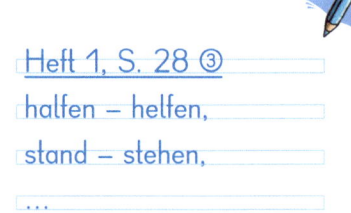

Heft 1, S. 28 ③

halfen – helfen,
stand – stehen,
...

4   Setze die Abzählverse in die Gegenwartsform. Lies sie einem anderen Kind vor.

Da war eine feine Dame,
die kratzte sich am Arme,
die kratzte sich am Po,
such du den Floh!

Eine kleine Dickmadam
fuhr mit einer Eisenbahn.
Eisenbahn, die krachte,
Dickmadam, die lachte.
Fiel zum Wagen raus –
und DU bist aus.

3 Verben in der Vergangenheit bilden

1 Schreibe den Text ab und setze
die Verben in der Vergangenheit ein.

Heft 1, S. 29 ① ☐↓☐↑
Früher trugen die Jungen kurze Hosen.
...

Schule früher

Früher ___ die Jungen kurze Hosen.
  tragen

Das ___ nicht nur im Sommer so.
  sein

Im Winter ___ sie dazu dicke Strümpfe an
  ziehen

und ___ sich auf den Weg in die Schule.
  machen

Die Mädchen ___ mit Kleidern in die Schule.
  gehen

Oft ___ sie noch eine Schürze darüber.
  binden

In der Schule ___ Mädchen und Jungen oft getrennt.
  sitzen

Die Kinder ___ den Lehrerinnen und Lehrern oft Eier, Hühner und
  bringen

Hasen mit. Die Lehrerinnen ___ den Kindern schöne Fleißbildchen.
  schenken

2 Schreibe mindestens sechs Vergangenheits-
formen mit einem passenden Pronomen auf.
Ergänze die Grundform.

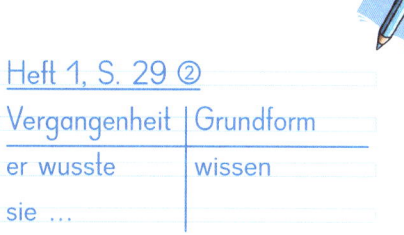

Heft 1, S. 29 ②
Vergangenheit | Grundform
er wusste | wissen
sie ...

| wusste | stand | lag | war | saß |

| hatte | sagte | trank | las | ging |

| glaubte | blieb | fuhr | aß | ließ |

| kratzte | bekam | halfen | fragte |

3

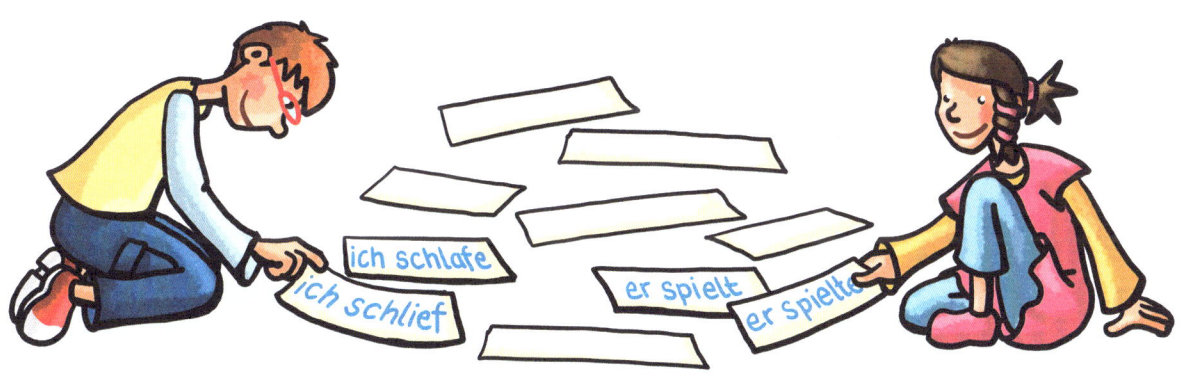

3 Über das eigene Lernen nachdenken

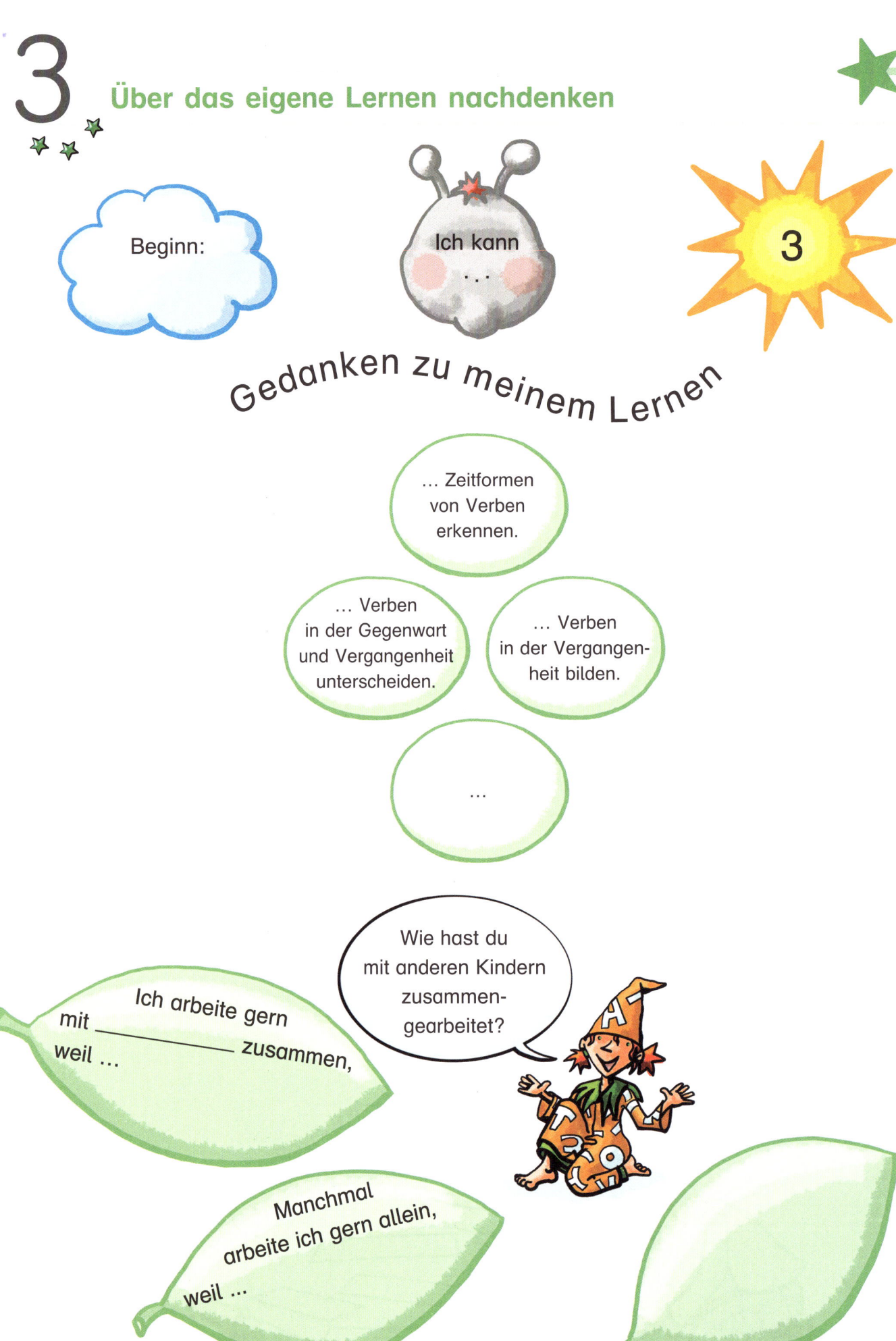

Beginn:

Ich kann ...

3

Gedanken zu meinem Lernen

... Zeitformen von Verben erkennen.

... Verben in der Gegenwart und Vergangenheit unterscheiden.

... Verben in der Vergangenheit bilden.

...

Wie hast du mit anderen Kindern zusammengearbeitet?

Ich arbeite gern mit _____ zusammen, weil ...

Manchmal arbeite ich gern allein, weil ...

4 Mit Adjektiven beschreiben

Mit Adjektiven kann man ganz genau beschreiben.

1 Erfindet Tierrätsel.
Jedes Kind beschreibt ein Tier mit zwei Adjektiven.
Das Rätsel ist schwerer, wenn du als Erstes ein Adjektiv wählst,
das auf mehrere Tiere zutrifft, z. B. **gestreift**.

| weiß | schwer | gestreift | gefährlich | grau | scheu | stark | schnell |

Das Fell ist gestreift.

Tiger

Zebra

Heft 1, S. 31 ②
Tiger: Das Fell ist gestreift.
Er ist sehr gefährlich.
Zebra: Das Fell ist gestreift.
Es ist scheu.
...

2 Schreibe für zwei Tiere ein Rätsel auf.

3 Wähle ein Tier.
Finde zu jedem Buchstaben
ein passendes Adjektiv zu dem Tier.

| Katze | Hund | Eule |

| Fuchs | Hase | Hamster |

kuschelig
anschmiegsam
treu
zimperlich
eigensinnig

hungrig
ungezogen
niedlich
dünn

4 Gegensatzpaare finden

| lang | einfarbig | dunkel | neu |

| sauber | kurz | bunt | alt |

| breit | hell | schmutzig | schmal |

1 Sieh dir Tommis und Pauls Hosen an.

a) Ordne die passenden Adjektive zu.

b) Verbinde die Gegensatzpaare.

Heft 1, S. 32 ①

Tommis Hose	Pauls Hose
lang	kurz
…	…

2 Suche das Gegenteil.
Schreibe die Wortpaare auf.

Was leicht ist, ist nicht   .

Was weich ist, ist nicht   .

Was warm ist, ist nicht   .

Was schnell ist, ist nicht   .

Was sauber ist, ist nicht   .

Heft 1, S. 32 ②

leicht – schwer, …

kalt

hart

schmutzig

schwer   langsam

3

Das Tier ist **nicht** zahm.
Es ist **nicht** feige und
nicht winzig.

| Ameise | Wal | Schnecke | Elefant | Löwe |

4 Adjektive anpassen

1 Finde passende Adjektive zu den Nomen.
Du kannst die Adjektive mehrfach verwenden
oder eigene finden.

Heft 1, S. 33 ①
Lola hat einen schicken Hut.
Sie hat ...

| Schuhe | Milch | Zahnpasta | Saft | Tennisschläger | Tasche |

| Fahrrad | Buch | Computer | CD | Marmelade |

| schick | lecker | bunt | spannend | süß | gesund | stabil |

| schnell | weiß | groß | leistungsfähig |

2

4 Adjektive mit -ig und -lich bilden

1 Aus Nomen kann ich mit den Wortbausteinen **-ig** oder **-lich** Adjektive bilden:
der Mut – mut**ig**; das Glück – glück**lich**.

2 Bastelt ein Merkspiel.

a) Faltet ein blaues und ein grünes Blatt Papier mehrmals, bis 16 Felder entstanden sind.

b) Beschriftet die 16 Felder auf dem blauen Papier mit den Nomen.

der Schatten	der Wind	der Mut	der Schmutz
der Hunger	das Gewitter	der Witz	die Sonne
der Friede	der Durst	die Ruhe	der Kleber
der Freund	der Nebel	das Glück	der Schreck

c) Bildet zu den Nomen Adjektive mit der passenden Endung **-ig** oder **-lich**. Tragt die Adjektive in die Felder auf dem grünen Papier ein.

> Bei manchen Wörtern fällt das **e** weg.

d) Zerschneidet eure Papiere entlang der Faltlinien in Kärtchen.

3 Gestaltet mit eigenen Ideen weitere Kärtchen und ergänzt euer Spiel.

4

4 Adjektive mit -ig und -lich verwenden

1 Lies die Sätze abwechselnd mit einem Partnerkind laut vor.
Setzt **-ig** und **-lich** richtig ein.

Am Nordpol

Professor Gerneklug und sein Assistent Moritz machten Station

am Nordpol. Als sie morgens ihr Lager verlassen wollten,

stand ein schreck☆ großer Eisbär davor. Gemüt☆ kam der Bär

auf sie zugetrottet. Sie wussten, Eisbären sind sehr angriffslust☆,

wenn sie hungr☆ sind. Moritz begann bitter☆ zu weinen.

Auch dem Professor war das Ganze sehr unheim☆. Wir sind verloren,

dachte er. Doch der Bär schnüffelte nur neugier☆ am Zelt

und trottete dann fried☆ weiter. Gerade noch mal gut gegangen!

2 Ordne die Wörter mit **-ig** oder **-lich**
in eine Tabelle.

| schwier- | hungr- | nütz- |

| flüss- | biss- | glück- |

| traur- | freund- | richt- | empfind- |

| schmutz- | gefähr- | fett- | sonn- | ängst- |

Heft 1, S. 35 ②

-ig	-lich
schwierig	nützlich
...	...

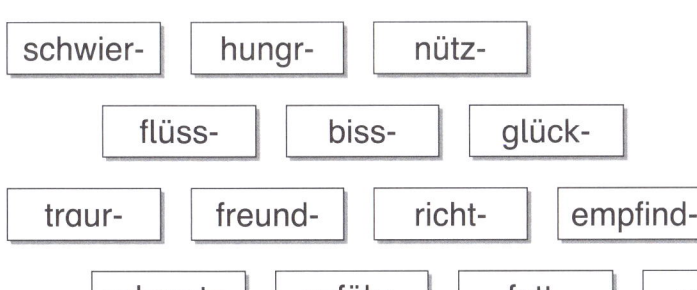

3 Wähle jeweils vier Adjektive mit **-ig**
oder **-lich** aus und bilde Sätze.

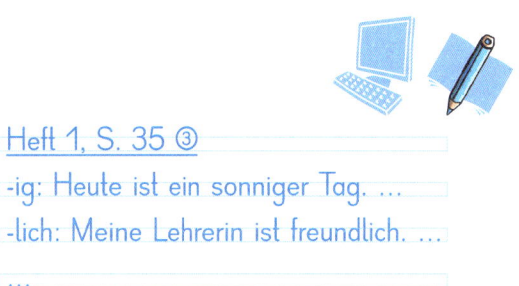

Heft 1, S. 35 ③

-ig: Heute ist ein sonniger Tag. ...

-lich: Meine Lehrerin ist freundlich. ...

...

4 Mit Adjektiven vergleichen

1

Mit Adjektiven kann ich Menschen, Tiere, Pflanzen oder Dinge **vergleichen**. Adjektive haben eine Grundstufe und zwei Vergleichsstufen.

Beispiel:
Nick ist **groß**.   (Grundstufe)
Lena ist **größer als** Nick.   (1. Vergleichsstufe)
Franjo ist **am größten**.   (2. Vergleichsstufe)

2 Betrachte die Siegertreppchen und schreibe auf, was die Kinder über sich sagen.

Heft 1, S. 36 ②
a) Ali: …

a)

Ich bin schnell.

b)

Ich bin stark.

3 Schreibe Vergleichssätze mit dem Adjektiv **gut** und seinen Vergleichsstufen **besser**, **am besten**.

Heft 1, S. 36 ③
Naciye ist gut im Weitsprung.
Johanna ist besser …

Wettkampfkarte Johanna	
Weitsprung:	2,80 m
Weitwurf:	20,20 m
50-m-Lauf:	10 s

Wettkampfkarte Luna	
Weitsprung:	2,90 m
Weitwurf:	15,10 m
50-m-Lauf:	9 s

Wettkampfkarte Naciye	
Weitsprung:	2,70 m
Weitwurf:	15,90 m
50-m-Lauf:	8 s

4. Vergleichsstufen von Adjektiven verwenden

1 Untersucht, wann man mit **als** und wann man mit **wie** vergleicht.

Wer ist wer?

Jana ist größer als Kai.

Mika ist genauso groß wie Jana.

Laya ist noch größer als Mika.

Kamil ist am größten.

2 Schreibe Vergleichssätze in dein Heft.
Unterstreiche die Vergleichswörter.

Heft 1, S. 37 ②
Der Turm ist höher als der Baum.
Der Baum ist genauso hoch wie …

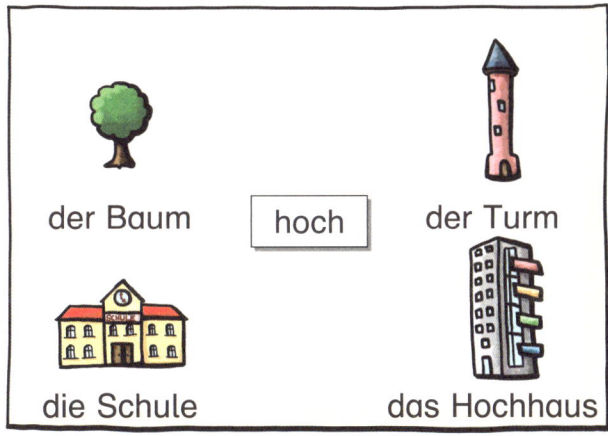

der Baum   hoch   der Turm

die Schule   das Hochhaus

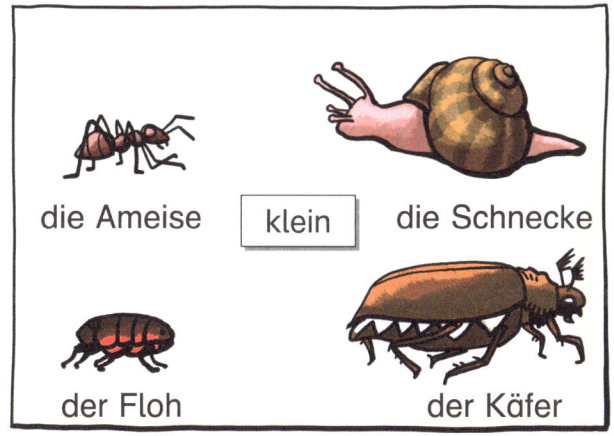

die Ameise   klein   die Schnecke

der Floh   der Käfer

3 Setze die Namen passend in die Sätze ein. Finde alle Möglichkeiten.

____ hat mehr Buchstaben als ____ .
____ hat genau so viele Buchstaben wie ____ .
____ hat am meisten Buchstaben.

Katharina   Laura
Alessandro   Sebastian

4 Erfinde eigene Rätsel. Lass ein Partnerkind deine Rätsel lösen.

4 Adjektive zusammensetzen

1 Bilde gemeinsam mit einem Partnerkind die zusammengesetzten Adjektive. Erklärt ihre Bedeutung.

weiß   hart   grün

leicht   süß

rund   glatt   kalt

> Zusammengesetzte Adjektive schreibt man immer klein.

2 Finde Gegensatzpaare.

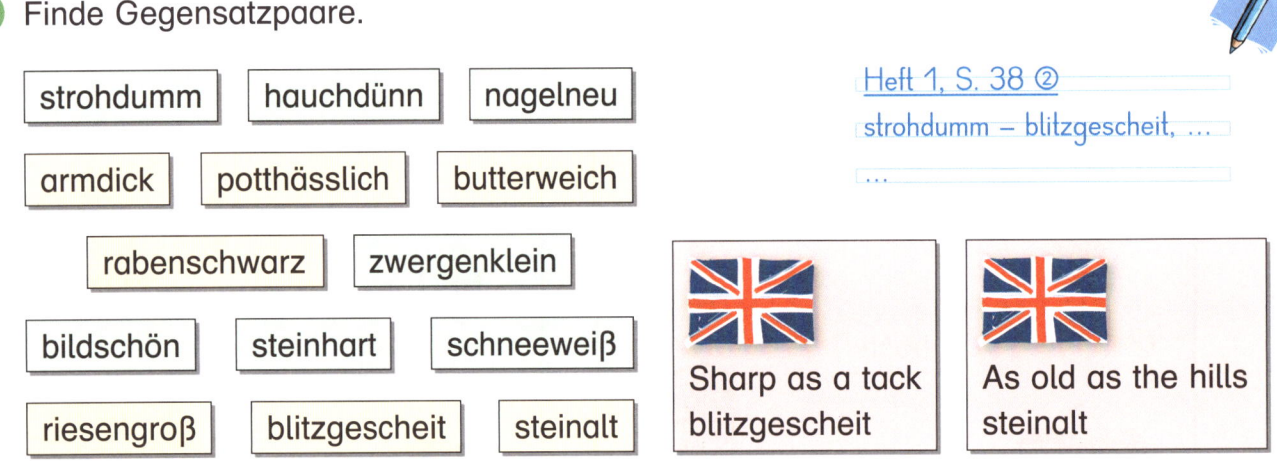

| strohdumm | hauchdünn | nagelneu |

| armdick | potthässlich | butterweich |

| rabenschwarz | zwergenklein |

| bildschön | steinhart | schneeweiß |

| riesengroß | blitzgescheit | steinalt |

Heft 1, S. 38 ②
strohdumm – blitzgescheit, …
…

Sharp as a tack
blitzgescheit

As old as the hills
steinalt

3 Bilde Adjektive aus Verb und Adjektiv.

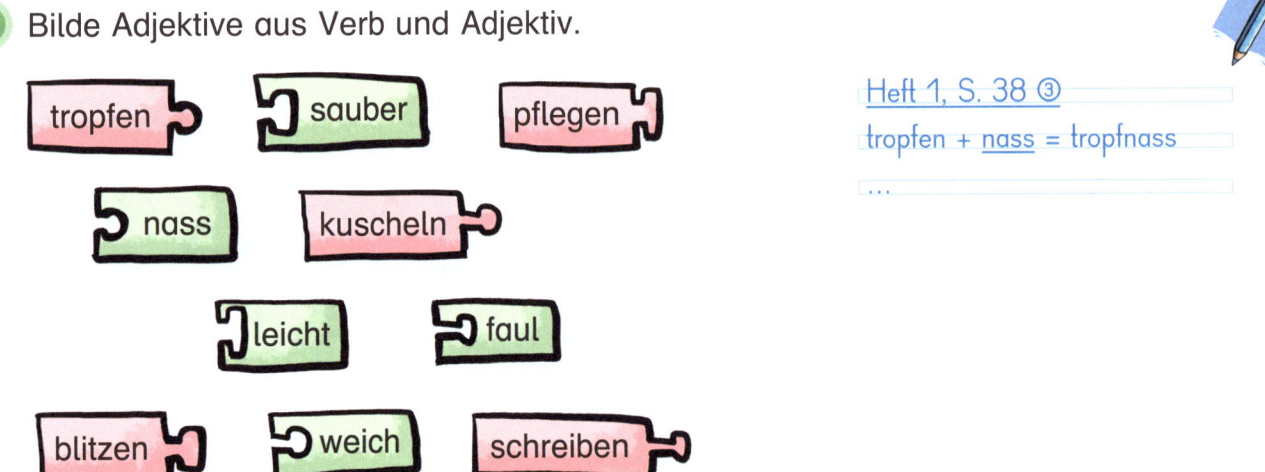

tropfen   sauber   pflegen

nass   kuscheln

leicht   faul

blitzen   weich   schreiben

Heft 1, S. 38 ③
tropfen + nass = tropfnass
…

4 Zusammengesetzte Wörter erkennen

1 Trenne die zusammengesetzten Nomen.

Singvogel	Spitzmaus	Rothirsch

Brennnessel	Wildschwein

Springkraut	Grünspecht	Fliegenpilz

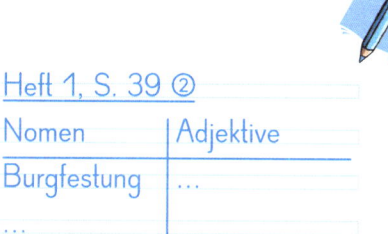

Heft 1, S. 39 ①

Verb + Nomen	Adjektiv + Nomen
singen + der Vogel:	...
der Singvogel	
...	

2 Schreibe mindestens fünf zusammengesetzte
Nomen und fünf zusammengesetzte Adjektive auf.

Heft 1, S. 39 ②

Nomen	Adjektive
Burgfestung	...
...	

Die Sage von der Burg Reußenstein

Der baumlange Riese Heim wollte
eine Burgfestung bauen. Da rief er
mit ohrenbetäubender Stimme ins Tal:
„Wer von euch Menschenzwergen will mir helfen,
eine Burg zu bauen?" Es erschienen zahlreiche
Handwerker und nahmen die vielfältige Arbeit
freudig auf, denn der steinreiche Riese versprach
reichlichen Lohn. Bald stand auf dem Felsgestein
eine riesengroße Burg. Nur am winzig kleinen
Klappfenster im haushohen Aussichtsturm
fehlte noch ein Nagel. Der hochherzige Riese
versprach demjenigen, der den Nagel einschlüge,
besonders reichen Lohn. Alles staunte,
als ein todesmutiger Bursche es wagte,
den Eisennagel einzuschlagen.
Der großzügige Riese beschenkte
den jungen Burschen reichlich.

4 Über das eigene Lernen nachdenken

Beginn:

Ich kann
...

4

Gedanken zu meinem Lernen

... mit Adjektiven beschreiben.

... Gegensatzpaare finden.

... Adjektive anpassen.

... Adjektive mit -ig und -lich bilden.

... Adjektive mit -ig und -lich verwenden.

... mit Adjektiven vergleichen.

... die Vergleichsstufen von Adjektiven verwenden.

... Adjektive zusammensetzen.

... zusammengesetzte Wörter erkennen.

Es gelingt mir gut, sorgfältig zu schreiben, wenn ...

Wie sorgfältig hast du gearbeitet?

Wenn ich meine Schrift betrachte, denke ich ...

5 Aussagesätze und Ausrufesätze erkennen

1 Nach einem **Aussagesatz** steht ein **Punkt**:
Der Ball rollt auf die Straße.
Nach einer **Aufforderung** oder einem **Ausruf** steht ein **Ausrufezeichen**:
Beeilt euch!

2 Lies einem Partnerkind den Text langsam vor.
Mache nach jedem Aussagesatz eine Lesepause.
Schreibe die fünf Aussagesätze auf.

Heft 1, S. 41 ②
Der See ist zugefroren.
...

DER SEE IST ZUGEFROREN DIE KINDER

FREUEN SICH EINIGE FAHREN MIT IHREN

SCHLITTSCHUHEN TIM IST GERADE

HINGEFALLEN ZUM GLÜCK IST NICHTS PASSIERT

Denke an
die Großschreibung am
Satzanfang und den Punkt
am Satzende.

3 Ordne jedem Kind den passenden Ausrufesatz zu.

Heft 1, S. 41 ③
Tim: ...!
...

He! Du darfst nicht aufs Eis!

Bleib stehen!

Lasst mich in Ruhe!

4 Spielt die Szene nach. Malt dazu ein Warnschild.
Denkt euch einen passenden Ausrufesatz aus.

5 Fragesätze bilden

1 Am Ende einer **Frage** steht ein **Fragezeichen**: **Wie** alt bist du **?**

2 Finde die Fragesätze. Setze Fragezeichen am Satzende.

Heft 1, S. 42 ②
Wie alt bist du?
Wohin ...

Speech bubbles in the illustration:
- Wie alt bist du
- Ich bin 7 Jahre alt
- Ich fahre nach Afrika
- Wohin möchtest du mal reisen
- Warum weinst du
- Welche Bücher magst du
- Ich habe meine Mütze verloren
- Ich lese gerne Comics
- Welches ist dein Lieblings-tier
- Ich liebe Hunde

3 Ergänze bei den Fragen das Fragewort.
Ordne jedem Fragesatz
den passenden Antwortsatz zu.

Heft 1, S. 42 ③
Wer kommt mit zum Spielplatz?
Ich komme mit. ...

| Wer | Wo | Was | Warum | Wie | Wohin |

_____ kommt mit zum Spielplatz? _____ fahren wir in den Ferien?

_____ ist meine Brille? _____ wollen wir machen? _____ geht es dir?

_____ bist du nicht mitgekommen?

| Wir fahren an die Ostsee. | Sie liegt auf dem Tisch. | Danke, mir geht es gut. |

| Ich komme mit. | Ich hatte einen Zahnarzttermin. | Wir können ein Spiel spielen. |

5 Bei Aufzählungen Kommas setzen

1

Wenn Wörter aufgezählt werden, dann muss
ein **Trennzeichen** dazwischen: das **Komma**.
Ich packe meinen Rucksack und nehme
eine Mütze, eine Sonnenbrille, Handschuhe und ein Buch mit.

2

Ich packe meinen Rucksack und nehme eine Mütze und eine Sonnenbrille mit.

Ich packe meinen Rucksack und nehme eine Mütze mit.

Ich packe meinen Rucksack und nehme eine Mütze, eine Sonnen- brille und … mit.

3 Schreibe zehn Dinge auf, die du
ins Schullandheim mitnehmen willst.

Heft 1, S. 43 ③

Ich nehme …

ins Schullandheim mit.

5 Satzzeichen passend verwenden

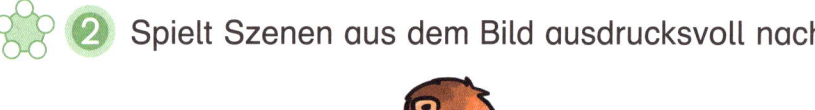

1 Betrachte das Bild.

a) Was passiert?
Schreibe mindestens vier Aussagesätze.

b) Überlege, was auf dem roten Warnschild steht.
Male es auf. Notiere dazu einen Ausrufesatz.

c) Was könnten die Leute sagen oder fragen?
Schreibe es auf.

Heft 1, S. 44 ①
a) Aussagesätze:
Ein Ball rollt auf die Straße.
...

2 Spielt Szenen aus dem Bild ausdrucksvoll nach.

5. Über das eigene Lernen nachdenken

Beginn:

Ich kann . . .

5

Gedanken zu meinem Lernen

… Aussagesätze und Ausrufesätze erkennen.

… Fragesätze bilden.

… bei Aufzählungen Kommas setzen.

… Satzzeichen passend verwenden.

…

Wie schätzt du deinen Lernerfolg ein?

Über diese Lernfortschritte freue ich mich sehr: …

Ich möchte mich noch … verbessern.

6 Die wörtliche Rede kennenlernen

1 Was tatsächlich gesprochen wird, nennt man **wörtliche Rede**.
Davor stehen **Anführungszeichen** unten, danach stehen sie oben.
„Ich verstehe nicht, warum ich Englisch lernen soll."

2 Wähle einen Witz aus.
Schreibe ihn mit Anführungszeichen in dein Heft.

Heft 1, S. 46 ②
Sohn: „Ich verstehe nicht, …
Vater: „…
…

Vater und Sohn

Sohn: Ich verstehe nicht,

warum ich Englisch lernen soll.

Vater: Aber Kind, die halbe Welt spricht Englisch!

Sohn: Ja eben! Genügt das nicht?

David und der Hund

David: Würden Sie den Hund mal streicheln?

Frau: Aber gern. Du magst den Hund sicher sehr.

David: Das ist doch nicht mein Hund.
Ich wollte nur wissen, ob er beißt!

Zwei Hennen

Sagt die eine Henne zur anderen: Letzte Nacht hatte ich
mindestens 40 Grad Fieber.

Fragt die andere: Woher weißt du das?

Meint die erste: Heute Morgen hab ich
ein gekochtes Ei gelegt.

6 Einen Redebegleitsatz verwenden

1 Der **Redebegleitsatz** gibt an, **wer** spricht.
Nach dem Redebegleitsatz steht ein **Doppelpunkt**:
Marie ruft: „Das war ein Tor!"

2 Schreibe jeden Ausruf als wörtliche Rede
mit Begleitsatz auf.
Denke an passende Verben für sagen.

Heft 1, S. 47 ②
Marie ruft: „Das war ein Tor!"
…

rufen protestieren meinen brüllen

bitten jammern schreien meckern

schimpfen denken fragen antworten

6 Redebegleitsatz und wörtliche Rede erkennen

1 Schreibe den Text ab.
Unterstreiche die Redebegleitsätze.
Markiere die Anführungszeichen farbig.

Heft 1, S. 48 ①
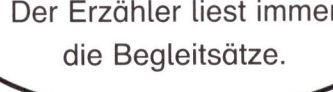
Es treffen sich zwei Spatzen.
Fragt der eine: „Was …
…

Es treffen sich zwei Spatzen.

Fragt der eine: „Was sollen wir unternehmen?"

Darauf der andere: „Lass uns zum Bodensee fliegen."

Fragt der erste: „Wo treffen wir uns?"

Meint sein Freund: „Auf der Eiche am Hafen."

Darauf der erste: „Gut, flieg schon mal voraus,

ich hab noch was zu erledigen."

Der eine Spatz fliegt zum Treffpunkt. Endlich, nach drei Stunden,

trifft sein Freund ein. Er fragt: „Wo warst du so lange?"

Da meint der andere Spatz: „Ach, ich dachte,

bei dem schönen Wetter gehe ich zu Fuß."

> Der Erzähler liest immer die Begleitsätze.

2 Lest den Text mit verteilten Rollen.

6 Wörtliche Rede schreiben

1 Denke dir für jede Sprechblase einen Begleitsatz aus. Schreibe den Begleitsatz und die wörtliche Rede auf. Setze die richtigen Zeichen.

Heft 1, S. 49 ①
Mug fragt: „Was machen wir, wenn wir cool sind, Leo?"
...

| stottern | flüstern | prahlen | erklären | sagen |

Mug und Leo: Ab heute sind wir cool

> Was machen wir, wenn wir cool sind, Leo?

> Wenn wir zwei Coole sind, dann schauen wir uns Filme an, für die wir eigentlich noch zu klein sind.

> Filme mit Monstern und Vampiren und so?

> Coole schauen nur Filme, bei denen ihnen das Blut in den Adern gefriert.

> Wa-, wa-, warum tun sie das?

> Weil ihnen dann vor Angst die Haare zu Berge stehen und das sieht so was von cool aus, Mann!

Susann Opel-Götz

2 Schreibe auf, wie das Gespräch zwischen Leo und Mug weitergehen könnte. Was tun Coole noch? Verwende dazu passende englische Wörter.

Heft 1, S. 49 ②
Leo sagt: „Wenn wir zwei cool sind, dann ...

| checken | happy | easy | cool |

6 Über das eigene Lernen nachdenken

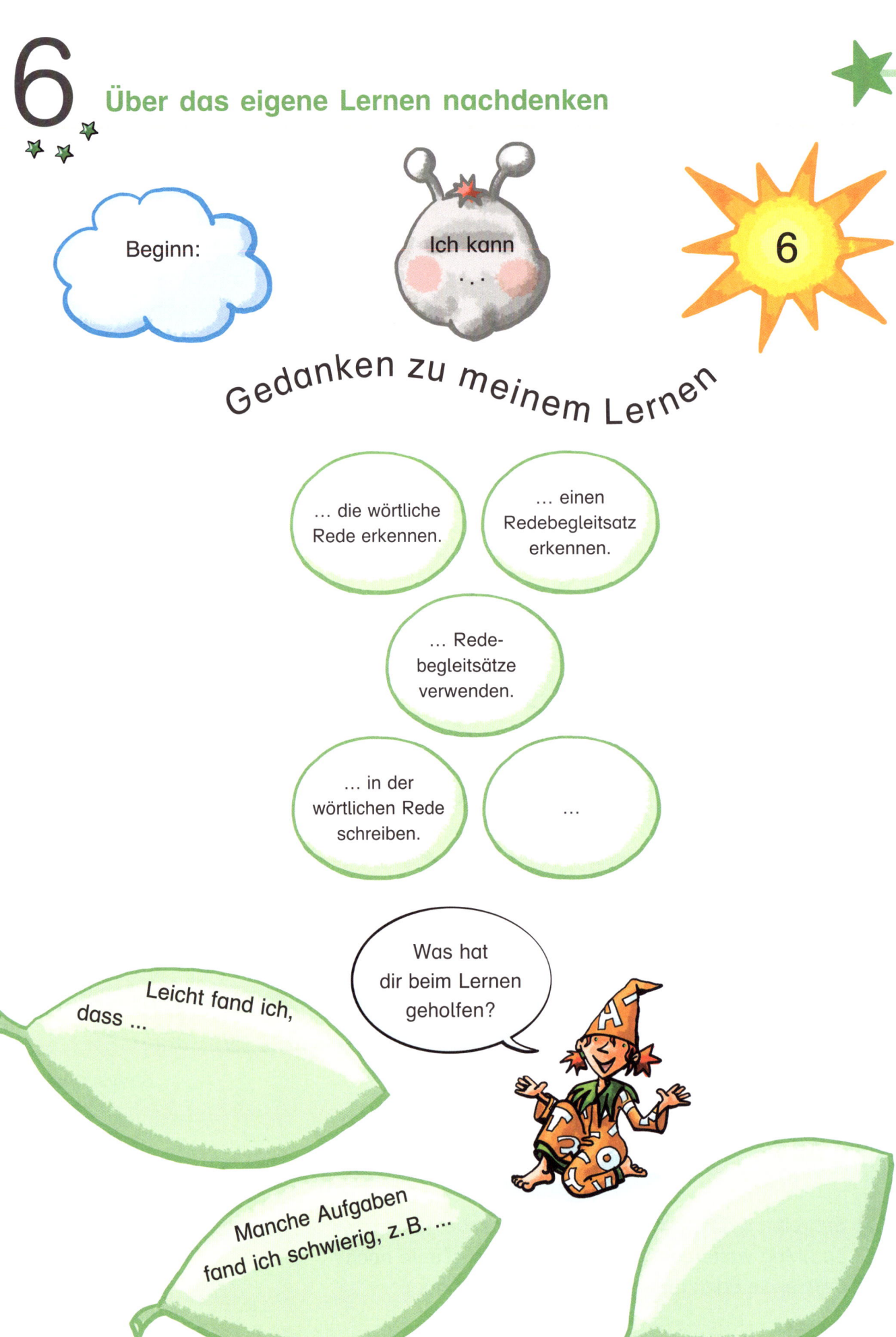

Beginn:

Ich kann ...

6

Gedanken zu meinem Lernen

... die wörtliche Rede erkennen.

... einen Redebegleitsatz erkennen.

... Redebegleitsätze verwenden.

... in der wörtlichen Rede schreiben.

...

Was hat dir beim Lernen geholfen?

Leicht fand ich, dass ...

Manche Aufgaben fand ich schwierig, z.B. ...

7 Satzglieder kennenlernen

1 Ein Satz besteht aus mehreren Satzteilen.
Man nennt sie **Satzglieder**.
Satzglieder können aus **einem Wort** oder **mehreren Wörtern** bestehen.

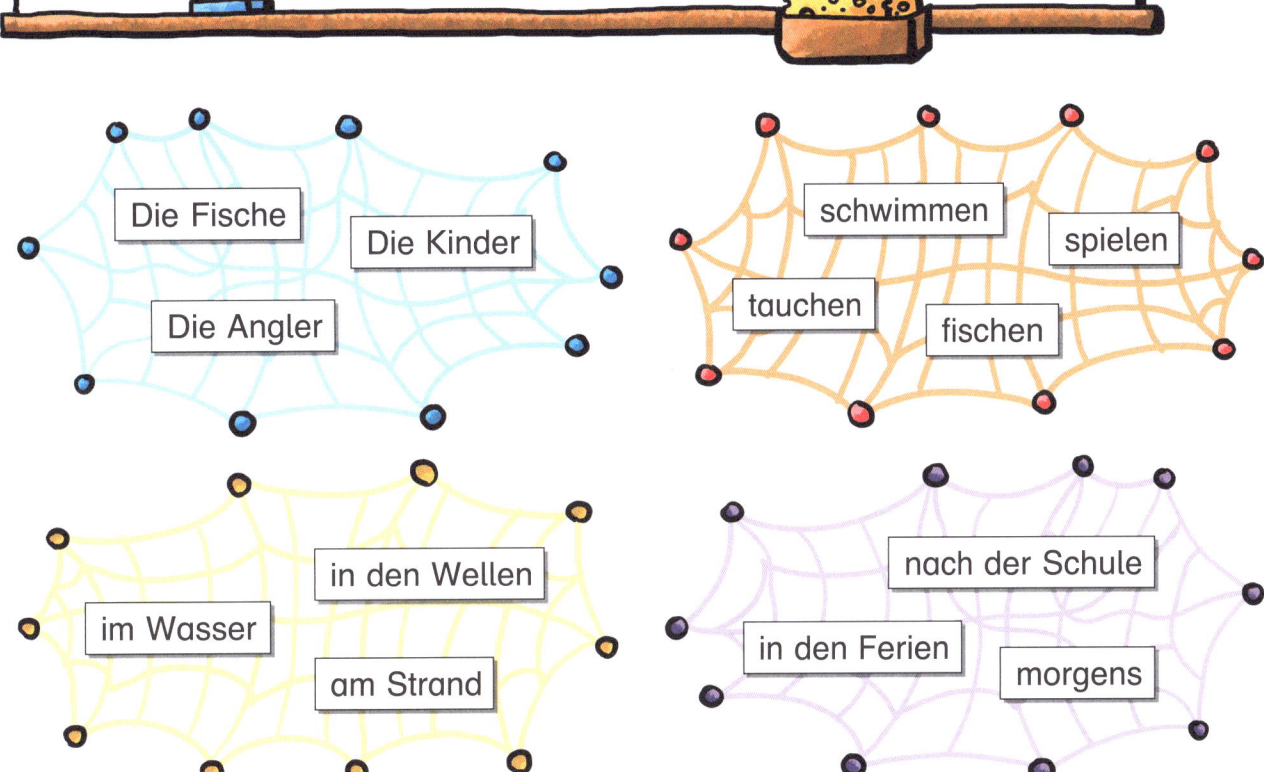

Die Fische

Die Kinder

Die Angler

schwimmen

spielen

tauchen

fischen

in den Wellen

im Wasser

am Strand

nach der Schule

in den Ferien

morgens

2 Baue Sätze nach diesen Farbmustern.

a)

b)

c)

Heft 1, S. 51 ②
a) Die …
b) …

3 Finde das Farbmuster zu diesen Sätzen.

a) Die Surfer surfen abends in den Wellen.

b) Mittags toben die Hunde am Hundestrand.

c) Im Strandkorb sitzen nachmittags viele Urlauber.

Heft 1, S. 51 ③
a)
b) …

7 Satzglieder umstellen

1 Die Wörter eines Satzgliedes bleiben beim Umstellen zusammen.

Paulina und Jana	gehen	heute	in den Zoo.
Heute	gehen	**Paulina und Jana**	in den Zoo.
In den Zoo	gehen	heute	**Paulina und Jana**.
Gehen	**Paulina und Jana**	heute	in den Zoo?

2 Sucht einen Satz aus und schreibt ihn auf einen langen Papierstreifen.
Schneidet die Satzglieder auseinander.

Paulina und Jana | gehen | heute | in den Zoo.

Die Mädchen | besuchen | am liebsten | die Affen.

Später | beobachten | beide | die Seehunde.

Jana und Paulina | spazieren | danach | zu den Pinguinen.

Zum Abschluss | essen | sie | im Café | ein Eis.

3 Verschiebt die Satzglieder.
Bildet so viele Sätze wie möglich.

Wenn das Verb am Satzanfang steht, entsteht eine Frage. Vergiss das Fragezeichen am Satzende nicht.

4 Klebt einen Satz aus **3** auf. Denkt an das Satzzeichen.
Stellt euch gegenseitig eure Ergebnisse vor.

7 Nach dem Subjekt fragen

1

Satzglieder haben Namen.
In jedem Satz gibt es ein **Subjekt**.
Das Subjekt sagt, **wer** oder **was** etwas tut.
Nach dem **Subjekt** frage ich mit **Wer ...?** oder **Was ...?**.
Alle Kinder freuen sich auf die Ferien.
Wer freut sich auf die Ferien? **Alle Kinder.**
Das Wetter ist sommerlich.
Was ist sommerlich? **Das Wetter.**

2 Schreibe zu jedem Satz die Frage nach
dem Subjekt auf.

Heft 1, S. 53 ② ☐↓☐↑
1 Wer freut sich auf die Ferien?
...

1 **Alle Kinder** freuen sich auf die Ferien.

2 Seit Wochen ist **das Wetter** sommerlich.

3 In der Pause spielen **sie** im Freien.

4 **Die Lehrerin und die Kinder** stapeln die Schulbücher.

5 Im Schulhof macht **die Lehrerin** ein Klassenfoto.

6 In der letzten Stunde singt **der Chor** Sommerlieder.

7 In den nächsten Wochen ist **das Schulhaus** fast leer.

3 Bilde zu den Sätzen die Fragen
nach dem Subjekt.
Schreibe sie mit der Antwort auf.

Heft 1, S. 53 ③
1 ...

1 Im Klassenzimmer repariert der Hausmeister Tische und Stühle.

2 Die Sekretärin kopiert die neuen Schülerlisten.

7 Nach dem Prädikat fragen

1

In jedem Satz gibt es auch ein **Prädikat**.
Das **Prädikat** sagt aus, **was jemand tut** oder **was geschieht**.
Die Zuschauer feuern die Kinder an.
Was tun die Zuschauer? Sie **feuern** die Kinder **an**.
In der Pause regnet es.
Was geschieht in der Pause? Es **regnet**.

2 Schreibe zu jedem Satz die Frage nach
dem Prädikat auf.

Heft 1, S. 54 ② ☐↓☐↑
1 Was ...?
2 ...

1 Das Fußballspiel **beginnt** am Nachmittag.

2 Die Zuschauer **feuern** die Kinder **an**.

3 Der Schiedsrichter **pfeift** das Spiel.

4 In der Pause **regnet** es.

5 Die Haare und die Trikots **tropfen**.

6 Bald **verzieht sich** der Regen.

7 In der zweiten Halbzeit **fallen** vier Tore.

8 Alle **gehen** erschöpft nach Hause.

Goal!

3 Schreibe die Sätze ab und markiere das Prädikat.
Bilde zu den Sätzen die Fragen nach dem Prädikat.

Heft 1, S. 54 ③
1 ...

1 Nach dem Spiel essen die Kinder Pizza.

2 Am nächsten Samstag spielen sie auf einem anderen Platz.

7 Subjekt und Prädikat erkennen

1 Lest die Geschichte abwechselnd Satz für Satz.
Entscheidet euch bei jedem Satz für eine Möglichkeit.

Vor langer Zeit lebte einst

| ein Bauer | ein Prinz | ein König | .

Ganz alleine wohnte er

| in einem Schloss | in einer Hütte | in einem Stall | .

Eines Tages

| fand er | stahl er |

| einen Schatz | einen Stein | einen Ring | .

Die

| junge Prinzessin | kluge Fee | Zauberin |

| lachte | schimpfte | weinte sehr | .

Sie wollte ihn nicht

| heiraten | verzaubern | küssen | .

Da packte er alles

| in eine Kiste | in eine Tüte | in eine Kutsche | .

Er

| fuhr | verschwand | rannte |

| in den Wald | auf einen Berg | in eine Höhle | .

Und wenn er nicht gestorben ist, dann lebt er dort noch immer.

2 Schreibe selbst eine Entscheidungsgeschichte.
Unterstreiche Subjekt und Prädikat.

Heft 1, S. 55 ①, ②
Vor langer Zeit lebte
einst ein ...

7. Subjekt und Prädikat verwenden

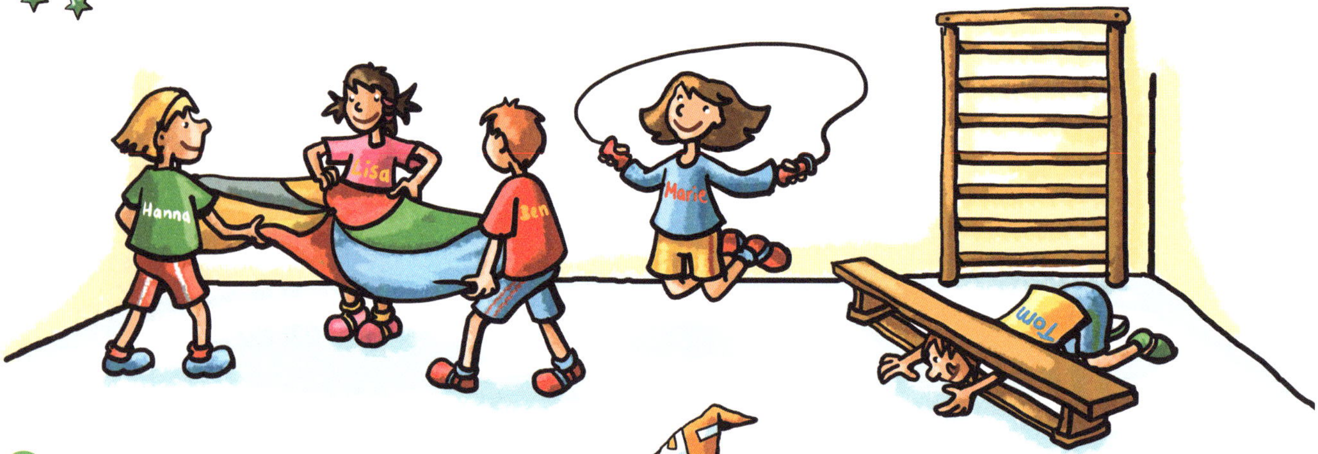

1 Stellt euch gegenseitig Subjekt- und Prädikatfragen zum Bild.

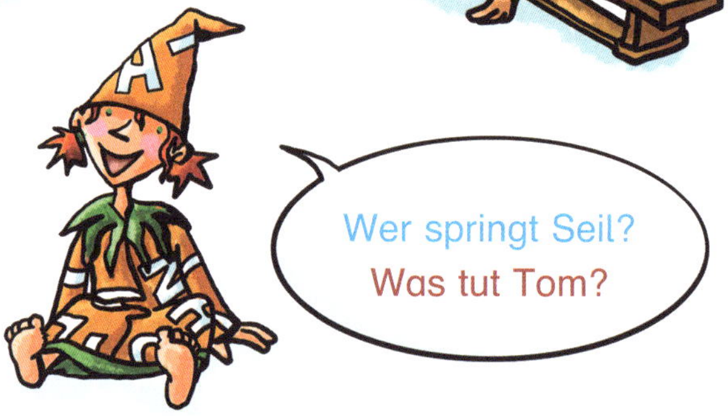

> Wer springt Seil?
> Was tut Tom?

2 Bilde mindestens vier Sätze.
Schreibe sie ins Heft.
Markiere Subjekt und Prädikat.

Heft 1, S. 56 ②
Anna und Nico rennen um
die Wette. ...

Anna und Nico	spielen	mit dem Ball.
Sie	klettern	um die Wette.
	hüpfen	mit Pia und Lukas.
	werfen	auf dem Trampolin.
	rennen	an der Sprossenwand.

3 Schreibe die Spielbeschreibung ins Heft.
Unterstreiche in jedem Satz Subjekt und Prädikat.

Heft 1, S. 56 ③ □↓□↑
In der Pause spielen viele
Kinder ...

In der Pause spielen viele Kinder zusammen ein Fangspiel.
Das Spiel funktioniert nur bei Sonnenwetter. Ein Kind fängt.
Der Fänger berührt den Schatten eines Mitspielers mit dem Fuß.
Dieser Mitspieler scheidet aus.

7 Über das eigene Lernen nachdenken

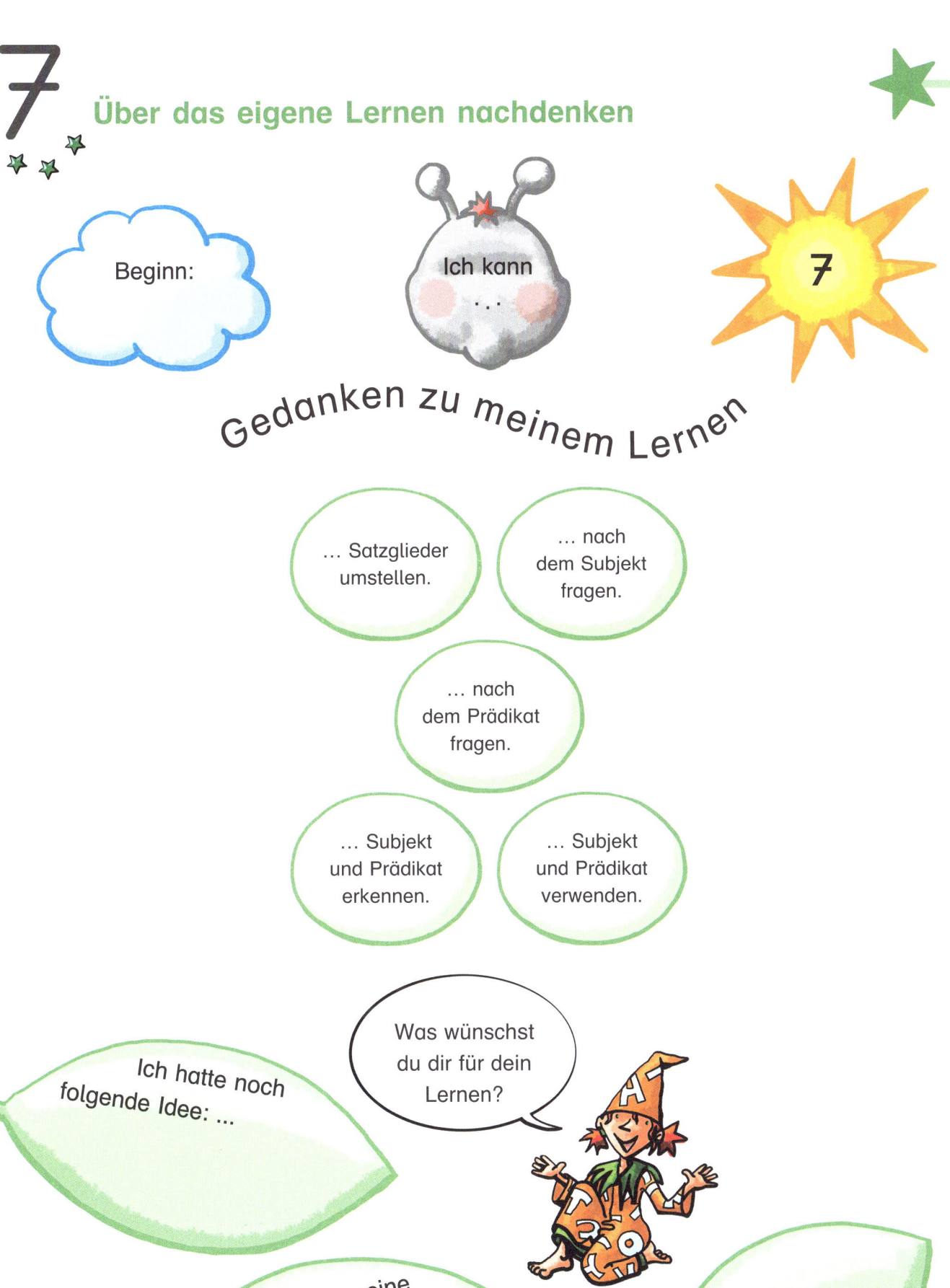

Beginn:

Ich kann ...

7

Gedanken zu meinem Lernen

... Satzglieder umstellen.

... nach dem Subjekt fragen.

... nach dem Prädikat fragen.

... Subjekt und Prädikat erkennen.

... Subjekt und Prädikat verwenden.

Ich hatte noch folgende Idee: ...

Was wünschst du dir für dein Lernen?

Dies sind meine Lieblingsaufgaben: ...

8 Sich in verschiedenen Sprachen begrüßen

Hello!
How do you do?

Salut!
Bonjour!

Ciao!
Buon giorno!

Merhaba!
Iyi günler!

You want to play with me?
Yes, of course.

Tu veux jouer avec moi?
Oui, bien sûr.

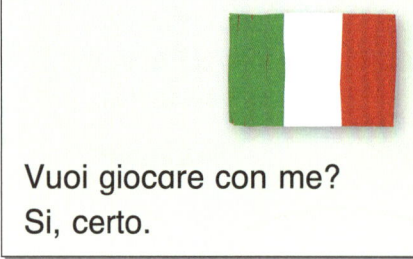

Vuoi giocare con me?
Si, certo.

Benimle oynarmisin?
Evet.

1 Erforsche mit den Sprachforscherideen verschiedene Sprachkärtchen.
Du kannst dir mehrere Ideen aussuchen.

- die Sprache bestimmen

- euch über die Aussprache informieren

- euch begrüßen und ansprechen

- neue Sprechbausteine lernen

- die Bedeutung in unsere Sprache übersetzen

- die unterschiedlichen Sprachen vergleichen

- weitere Sprachen ergänzen

8 Die Briefmarken- und Poststempelsprache lesen

1 Sieh dir den Umschlag genau an.
Beantworte die Fragen.

a) Wie viel hat die Briefmarke gekostet?

b) Wann wurde der Brief abgeschickt?

c) Aus welchem Land kommt der Brief?

Heft 1, S. 59 ①

a) ... ct

2 Gestalte selbst einen Briefumschlag mit
Anschrift und Absender und deiner Briefmarke.

8 Eine Bilderschrift erproben

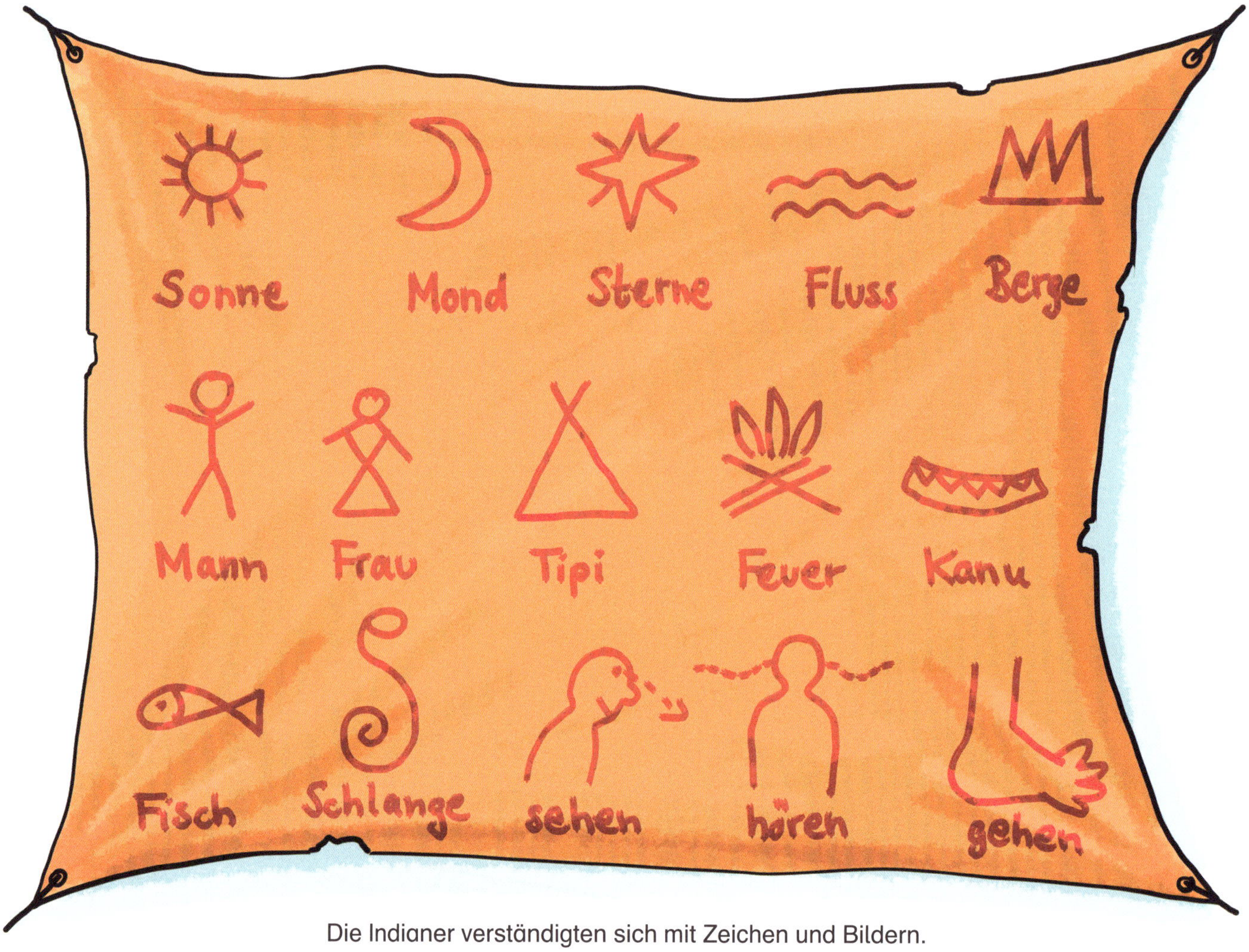

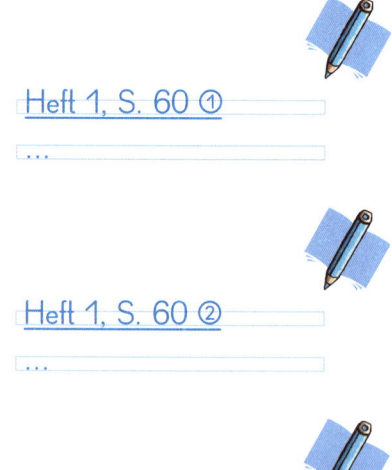

Die Indianer verständigten sich mit Zeichen und Bildern.

1. Suche dir drei Zeichen aus.
   Male sie ab und schreibe die Bedeutung dazu.

Heft 1, S. 60 ①
…

2. Erfinde eigene Zeichen.

Heft 1, S. 60 ②
…

3. Erprobe die Bilderschrift.

a) Schreibe eine Geschichte auf.
   Du kannst dazu deine Zeichen und die Zeichen der Abbildung oben verwenden.

Heft 1, S. 60 ③
…

b) Lass ein Partnerkind deine Geschichte vorlesen.

→ AH Seite 56

8. Dialekt und Hochsprache vergleichen

D'Bäure hot d'Katz verlora

schwäbisches Volksgut

D'Bäu-re hot d'Katz ver-lora, weiß net, wo s'isch; se

sucht al-le Win-kela aus: Mulle, Mulle, wo bisch? Se

sucht al-le Win-kela aus: Mulle, Mulle, wo bisch?

1. D'Bäure hot d'Katz verlora, weiß net, wo s'isch;
   se sucht alle Winkela aus: Mulle, Mulle, wo bisch?

2. Im Höfle, im Gärtle, was jammert se schwer:
   O Mulle, liebs Mulle, so gang mr doch her!

3. Koch dir a Süpple, tua Brocka dran ei,
   o Mulle, liebs Mulle, komm doch wieder heim!

4. Was fällt jetzt d'Bäure ganz siedigheiß ei?
   Dort oba ufam Boda, im Heu drin könnt's sei!

5. Se steiget herzklopfet am Leiterle nauf,
   ka's fast net verschnaufa, macht's Falltürle auf!

> Wenn du den Text laut liest, kannst du ihn besser verstehen.

1 Lest euch den Text gegenseitig vor.

2 Gestaltet ein eigenes Wörterbuch Schwäbisch – Hochdeutsch.

3 Suche dir ein Lied oder Gedicht in deinem Dialekt aus, das dir gefällt.
Trage es einem Partnerkind vor.

8. Bezeichnungen für Tiere sammeln

1 Ordne die Namen dem passenden Bild zu.

Heft 1, S. 62 ①
Katze: Mulle, ...

Kaninchen: ...

| Mulle | Karnickel | Bunny | Mieze | Hoppel | Kätzle | Klopfer |

| Kaninchen | Katerle | Langohr | Katze | Meister Lampe |

2 Sucht euch ein Tier aus.
Gestaltet dazu ein Poster.
Stellt der Klasse euer Poster vor.

8 Über das eigene Lernen nachdenken

Beginn:

Ich kann ...

8

Gedanken zu meinem Lernen

… Begrüßungen in verschiedenen Sprachen spielen.

… die Brief-marken- und Post-stempelsprache lesen.

… eine Bilderschrift erproben.

Sieh dein grünes Heft noch einmal gründlich durch. Nutze alle Ideen aus den vergangenen Lernportionen.

… Dialekt und Hochsprache vergleichen.

… Bezeichnungen für Tiere sammeln.

Themenheft 1
Sprachgebrauch und Sprache untersuchen und reflektieren

Herausgegeben von:	Roland Bauer, Jutta Maurach
Erarbeitet von:	Annette Schumpp, Jutta Sorg
Auf der Grundlage der Ausgabe von:	Annette Rothfuß
Fachliche Beratung exekutive Funktionen:	Dr. Sabine Kubesch, INSTITUT BILDUNG plus, im Auftrag des ZNL TransferZentrum für Neurowissenschaften und Lernen, Ulm
Begutachtung:	Katrin und Peter Bertram (Mühlenbeck), Angelika Fischer (Weiterstadt), Claudia Hoeschen (Kappeln), Ines Kewitz (Rastatt), Sybille Maier-Alvarez del Cid (Achern), Julia Schäfer (Gießen)
Redaktion:	Sabine Gerber, Mirjam Löwen
Illustration:	Yo Rühmer, Frankfurt am Main
Umschlaggestaltung:	Cornelia Gründer, agentur corngreen, Leipzig
Layout und technische Umsetzung:	lernsatz.de

fex steht für *Förderung exekutiver Funktionen*. Hierbei werden neueste Erkenntnisse der kognitiven Neurowissenschaft zum spielerischen Training exekutiver Funktionen für die Praxis nutzbar gemacht. **fex** wurde vom **ZNL TransferZentrum für Neurowissenschaften und Lernen** *(www.znl-ulm.de)* an der Universität Ulm gemeinsam mit der **Wehrfritz GmbH** *(www.wehrfritz.com)* ins Leben gerufen. Die Cornelsen Schulverlage haben in Kooperation mit dem ZNL ein Konzept für die Förderung exekutiver Funktionen im Unterrichtswerk *Einsterns Schwester* entwickelt.

www.cornelsen.de

Aus didaktischen Gründen wurden Texte gekürzt/bearbeitet.

1. Auflage, 8. Druck 2023

Alle Drucke dieser Auflage sind inhaltlich unverändert und können im Unterricht nebeneinander verwendet werden.

© 2016 Cornelsen Schulverlage GmbH, Berlin
© 2017 Cornelsen Verlag GmbH, Berlin

Druck: Athesiadruck GmbH

ISBN 978-3-06-083568-3 (Themenheft Leihmaterial)
ISBN 978-3-06-084244-5 (E-Book Einsterns Schwester 3 Leihmaterial)

Dieses Heft ist Bestandteil des Pakets „Einsterns Schwester 3" (ISBN 978-3-06-083567-6) und kann auch einzeln bestellt werden.

PEFC-zertifiziert
Dieses Produkt stammt aus nachhaltig bewirtschafteten Wäldern
PEFC
PEFC/18-31-166   www.pefc.de